AF336339

PROCÈS-VERBAL

DE LA RÉHABILITATION

DE BÉDOUIN

Et de l'installation solennelle de sa municipalité et de la justice de paix du canton.

L'HISTOIRE déplorable des malheurs de la commune de Bédouin est connue de toute la France. On sait que dans la nuit du 14 au 15 floréal an 2, les mains d'un brigand armées, par la horde impie des assassins, contre le signe sacré de la liberté, servirent de prétexte, au noir dessein de détruire cette commune. Le 9 prairial, soixante-six victimes innocentes, à l'exception de quelques brigands obscurs, y furent mises à mort : et peu de jours après elle fut livrée aux flammes.

Depuis le 9 thermidor, les cris des malheureux habitans de Bédouin, avoient rétenti jusqu'au sein de la Convention nationale ; le représentant du peuple Goupilleau (de Montaigu), avoit attiré les regards de ses collègues sur deux mille opprimés : par son décret du 24 frimaire, la Convention nationale leur a accordé un secours provisoire de trois cent mille livres et les a réintégrés dans leurs habitations et dans leurs droits ; l'ame sensible et juste du représentant du peuple Jean Debry, en mission dans la département de Vaucluse, a goûté la satisfaction de leur transmettre le premier bienfait de la Convention : c'est lui qui a créé dans la commune dévastée une municipalité et une justice de paix provisoires ; c'est par lui que le reste de ses habitans, échappé au massacre et à l'incendie a reçu l'assurance de la protection nationale.

Il restoit à consacrer par un acte imposant, la résurrection de Bédouin, à installer solennellement, ses autorités constituées, et à donner en même temps, un grand exemple de la puissance et de la justice nationale, en vengeant et consolant les victimes du règne de la tyrannie.

Qui mieux que Jean Debry lui-même, étoit en état de concevoir et d'exécuter une telle mesure ? Lui, dont le génie créateur et humain, sait donner du relief à tout ce qui peut faire aimer la patrie ; lui, dont l'exemple attache de plus en plus, aux vrais principes républicains, les départemens qui lui sont confiés.

Par son arrêté du 11 floréal, Jean Debry a ordonné que la municipalité de Bédouin, seroit installée le 15 floréal an 3, en présence du peuple et de nombreuses députations des autorités constituées environnantes. Les détails de l'exécution ont été laissés au directoire du district de Carpentras ; il a été si bien secondé qu'ils s'estime heureux en ce moment, d'être chargé du soin intéressant de constater, dans ses registres, une journée à jamais mémorable dans les fastes de la justice nationale, de la vertu et de la douce humanité.

Le 15.ᵉ floréal, an 3.ᵉ de la république française, une, indivisible et démocratique, jour anniversaire de l'arrachement de l'arbre de la liberté à Bédouin, par le complot des tyrans ; le représentant du peuple Jean Debry en mission dans le département de Vaucluse, assisté de son collégue Olivier-Gerente, habitant du district de Carpentras, envoyé dans le Gard et l'Hérault, a installé et réintégré la commune de Bédouin chef-lieu de canton. Le rendez-vous général étoit indiqué à la commune de Crillon, dépendante du même canton, qui avoit recueilli et administré une partie des habitans dispersés de Bédouin, et qui dans les desseins du féroce Maignet et de ses satellites, avoit partagé leurs dangers. Là se sont formés, sous le commandement du chef-de-légion, les nombreux détachemens invités de toutes le communes du district de Carpentras, la municipalité de Crillon à leur tête, avec les députations des directoires du département de Vaucluse, des districts d'Avignon, d'Apt, d'Orange, le directoire et les membres du tribunal du district de Carpentras, et les députés des communes d'Avignon, de Carpentras et de grand nombre d'autres communes environnantes, précédés et suivis de deux corps de musique, le pavillon tricolore flottant, en tête du cortège, comme signe de ralliement, ont été au devant des représentans du peuple ; la municipalité de Crillon a tâché de leur exprimer dans le langage naïf des campagnards l'impression dont ses paisibles habitans étoient pénétrés ; Jean Debry inspiré par son cœur a exposé briévement et d'une manière très-touchante, l'objet de cette journée ; il s'est attendri en voyant couler des larmes, mais il n'a pas été difficile d'appercevoir que c'étoient les larmes du sentiment, bien plus que de la douleur.

Le premier bataillon de la force armée a défilé ; après lui un détachement de cavalerie ; ensuite les deux représentans du peuple marchant à pied, précédés d'un corps de musique et suivis de toutes les autorités constituées ; enfin un autre corps de musique et un second bataillon de la force armée ont fermé le cortége, suivi et bordé dans tous ses points d'un peuple innombrable livré aux plus douces émotions et faisant sans cesse rétentir les airs des cris de vive la République ! Vive la Convention nationale !

Sur les limites du territoire de Bédouin et de Crillon, la municipalité provisoire de Bédouin portant les écharpes au bras et un cyprès à la main a paru à la tête de ses malheureux citoyens de l'un et de l'autre sexe, parés de rubans tricolores, pour marquer que leur amour pour la république a sçu résister aux injustices qu'on leur a faites en usurpant son nom : elle a voulu parler et un torrent de larmes a inondé tous les yeux ; Jean Debry a consolé ces infortunés en leur manifestant d'une manière aussi pathétique que majestueuse les intentions de la Convention nationale : il a fait disparoître les cyprès et les a remplacés par des branches d'olivier, en signe de la paix et du bonheur que la Convention nationale le chargeoit de ramener dans cette commune infortunée.

La belle nature, et le son des instrumens joignant leur effet aux paroles remarquables du représentant du peuple, et le char préparé pour le triomphe de la justice et de l'humanité dans cette journée, ont achevé de persuader les cœurs qu'elle ne devoit plus être consacrée qu'à la joie la plus pure.

Ce char attelé de quatre bœufs, orné d'herbes et de fleurs champêtres enlacées avec des guirlandes tricolores, a reçu les représentans portant à la main une branche d'olivier. Ils ont fait placer sur le char de jeunes enfans vêtus de blanc et de rubans tricolores, restes malheureux de leurs familles égorgées ; montrant par cette distinction accordée au malheur que les orphelins du règne de sang étoient mis sous la protection tutélaire de la représentation nationale.

(5)

Un jeune chêne avec ses racines étoit porté au devant
du char par de jeunes cultivateurs , signe allégorique de la
vigueur des lois qui alloit être rétablie dans la commune et
du patriotisme qui doit jeter de nouvelles racines dans le
cœur de ses habitans.

Ce cortège simple , majestueux et digne de la Convention nationale et de la liberté , a continué sa marche au milieu des cris d'allégresse ; le son de la musique , le tableau
d'une campagne qui devient toujours plus belle en s'appro-
chant des murs de Bédouin et les marques de la satisfaction générale présentoient le spectacle le plus délicieux.

Mais quel contraste ! à peine arrive-t-on aux murs de
Bédouin , et ces douces émotions et le bruit qui les mani-
feste se changent en un morne silence ; on n'entend plus
ni le bruit des tambours , ni le son des instrumens ; on
n'ose pas se regarder ; tout ce peuple ivre de joie tombe
subitement dans une sorte de stupeur qui n'atteste que trop
l'impression profonde dont il est pénétré en traversant un
monceau de cendres et de ruines. Les représentans du peuple douloureusement affectés de ce changement et du triste
tableau qui frappent leurs regards , descendent du char et
semblent en se cachant dans la foule , vouloir dérober au
peuple et se déguiser eux-mêmes le morne sentiment dont
ils sont accablés. La marche continue dans la consternation
et le silence des tombeaux , bel hommage aussi unanime
qu'involontaire rendu à l'innocence opprimée et à l'horreur
qu'inspirent les grands forfaits ! . . . . . Le lieu où doit
triompher la justice et l'humanité de la Convention nationale , s'offre enfin à la vue et fait renaître par degrés les
idées douces et consolantes que les horribles traces de la
destruction avoient suspendues. Ce lieu , le même où l'innocence fut immolée pêle mêle avec quelques coupables,
le 9 prairial, a tellement changé de forme que l'habitant
de Bédouin n'y reconnoît plus le théâtre de tant d'horreurs;

ceux qui le voient pour la première fois en sont agréablement affectés.

Au milieu d'un carré long assez vaste, s'élève un monument simple représentant l'autel de la patrie surmonté d'une colonne : aux deux côtés s'élèvent deux amphithéâtres formés en gason, réunis par un tapis de mousse et de verdure. Au bout du carré doit être planté le jeune chêne à l'endroit qui fut arrosé du sang des citoyens. La campagne la plus riante entoure cette place et semble par sa gaieté, annoncer que la commune traitée avec une si cruelle barbarie va sortir une seconde fois du chaos par l'effet de la puissance et de la vertu d'une nation magnanime. Le Mont-ventous dont la cime orgueilleuse termine ce beau paysage, le Mont-ventous, asile des agriculteurs et des bergers et que les terroristes avoient osé peindre comme une vendée, retrace par sa masse imposante et majestueuse, l'idée d'un grand peuple réuni, regardant du lointain l'acte solennel qui va être fait en son nom...... Le cortège défile, l'infanterie borde la haye tout autour du carré ; la cavalerie est placée au milieu ; les deux représentans du peuple vont occuper le centre de l'un des amphitéâtres sous un dais de verdure orné de pavillons tricolores. Les autorités constituées se rangent auprès d'eux sur les côtés de l'amphithéâtre. La musique est disposée tout près ; l'amphithéâtre vis-à-vis, et le pourtour du carré sont couverts d'une foule immense de citoyens de tout âge et de tout sexe.... Enfin les restes respectables de la population de Bédouin forment un groupe dans le milieu du carré et autour de l'autel de la patrie ; leur attitude touchante peint tout à la fois la modestie du malheur, la fierté de l'innocence et la plus vive confiance aux bienfaits de la Convention nationale. Ce groupe respectable est le plus bel ornement de l'auguste cérémonie qui va se faire pour lui...... Un ordre admirable règne ; le plaisir brille dans tous les yeux ;... La musique d'Avignon exécute l'ode sur la réhabilitation de Bédouin. * Les représentans du peuple au milieu des cris d'alégresse et de vive la Convention , descendent de l'amphithéâtre et posent sur la colonne une plaque de marbre noir , portant cette inscription :

> Après un an de pleurs , sur ces débris affreux
> La loi ramène la justice :
> Consolez-vous , ô malheureux !
> Puisque l'éclat du crime en prédit le supplice.

Jean Debry retourné sous le dais avec son collègue prononce avec une majesté digne de la représentation nationale et avec l'onction d'un cœur pénétré , le beau discours consigné ci-après. Le silence et l'immobilité de ses auditeurs lui sont garants du triomphe que son éloquence , animée par le sentiment, assure à la Convention nationale au nom de laquelle il prononce les oracles de la justice et de l'humanité. S'il est obligé de respirer pour reprendre des forces, par un assentiment aussi rapide qu'un éclair , cet instant est rempli des aupplaudissemens et des cris de la reconnoissance publique ; s'il continue de parler le calme succède aussitôt aux transports de l'enthousiasme.

** Enfin épuisé de forces et de plaisir , le vertueux Jean Debry cède la tribune à son digne collègue Olivier-Gerente ,

---

* Paroles d'Hyacinthe Morel citoyen d'Avignon , musique du citoyen Blase membre du directoire du district d'Avignon.

** N'omettons pas un tableau où brillent tout à la fois les graces et la sensibilité : c'est la jeune et vertueuse épouse de Jean Debry , versant des pleurs sur les orphelins dont elle est entourée , pendant que son digne époux console les malheureux ; si la sensation que ce trait a produit est difficile à décrire , l'indiquer , c'est rendre hommage à la vertu aimable, et honorer l'humanité.

qui dans un discours improvisé et par des paroles aussi douces que consolantes, acquiert un nouveau droit à l'amitié de ses concitoyens. Les membres de la municipalité et de la justice de paix de Bédouin sont proclamés par Jean Debry ; les premiers reçoivent de ses mains l'écharpe, et il donne aux uns et aux autres l'accolade fraternelle. La musique d'Avignon et celle de Carpentras , exécutent alternativement divers morceaux pour reposer l'attention du peuple et lui permettre de manifester sa joie. Plusieurs orateurs se succèdent à la tribune et les intervalles sont coupés par les chants patriotiques des deux corps de musique. Les représentans du peuple accompagnés de la municipalité et de toutes les autorités constituées vont planter le chêne au lieu indiqué et gravent sur le tronc l'inscription suivante :

LES COMPLICES DES BRIGANDS

L'AVOIENT DÉTRUIT, POUR NOUS DÉTRUIRE:

NOS MALHEURS

NOUS L'ONT RENDU PLUS CHER.

Jean Debry de retour à la tribune parle encore et ne fait qu'augmenter l'envie qu'on a de l'entendre. La plantation de six jeunes oliviers, emblêmes de la paix que la Convention nationale rend à cette commune , et dont ses décrets immortels depuis le 9 thermidor , lui assurent la durée , termine la cérémonie la plus majestueuse et la plus touchante par son objet et par les grandes pensées qu'elle vient de reveiller. Chacun se dit que ce jour est le plus beau de sa vie , et tous jurent d'une voix unanime haine aux tyrans , amour à la Convention nationale et attachement éternel à la cause de la liberté.

PEUPLE FRANÇAIS ! que ne pouvois-tu contempler en masse, ce grand acte de ta justice !.... Non, il ne sera pas perdu pour toi ! la renommée, sur ses ailes, en portera le récit jusques dans les points de la république les plus reculés. Et cet exemple frappant de la noirceur des terroristes et de la magnanimité de la représentation nationale, cimentera la ruine des tyrans et le triomphe de l'égalité.

Ici se prépare une scène d'un genre bien capable d'intéresser le cœur et propre à reposer l'esprit longuement occupé des plus grands objets : ce sont deux jeunes orphelins du nombre des infortunés qui viennent déclamer aux représentans des vers patriotiques et invoquer auprès d'eux l'appui de la Convention ; ces innocentes victimes frayent aux représentans et aux autorités constitués le chemin d'un lieu champêtre destiné à les recevoir ; là un banquet civique agréablement disposé sous une tente de verdure et sur un sol émaillé de fleurs printanières offre le doux emblême de la fraternité et de l'égalité ; un repas frugal est présenté à la famille : c'est la mère commune qui en a fait les frais : les représentans du peuple veulent s'entourer à table des vieillards et des jeunes orphelins de ce bon peuple de Bédouin ; César Clop l'un deux, âgé de 85 ans leur dit avec la franchise d'un campagnard vertueux : ,, Je compte trois beaux jours ,, en ma vie : celui où je gagnai un procès devant l'évêque ,, contre notre curé ; celui où mon fils arrêté avec les ,, innocens qu'on menoit à la mort, me fut rendu ; et celui ,, où je vois réparer par la Convention, les maux de ma ,, patrie. ,, Tous les visages expriment à l'envi les sentimens du bon vieillard. On se livre aux transports d'une douce joie. Les mots *Patrie*, *République*, *Convention* sans cesse répétés, remplissent l'air d'un bruit agréable et les cœurs d'un sentiment délicieux. On est au comble du bonheur où l'homme peut atteindre.

(10)

Sensible Jean Debry ! Cher Gerente ! Jouissez long-
temps de ce bonheur puisqu'il est votre ouvrage ! portez à
la Convention nationale le récit de ce que vous avez vu !
et puissiez vous en faisant passer vos sensations dans l'ame
de vos collégues leur faire trouver en eux-mêmes, la ré-
compense de leurs travaux immortels !

Mais comment quitter un lieu où le cœur est si bien et
où l'homme sensible voudroit être toujours ?.... La nature,
cette mère prévoyante, par une pluye salutaire et desirée
des cultivateurs, sait les disperser sans qu'ils s'en apperçoi-
vent et leur épargne ainsi la peine de la séparation. Enfin,
Jean Debry par un arrêté pris sur le lieu même, ordonne
au nom du peuple français, que cinq mille livres seront
distribuées par la municipalité et par six vieillards de soixante
ans au moins, choisis par le directoire, aux deux cents
personnes de Bédouin, hommes, femmes ou enfans de tout
âge qui seront reconnus les plus pauvres.

Ainsi finit une journée consacrée à un grand exemple
des principes de la morale républicaine, et terminée par un
acte de bienfaisance nationale. Ceux qui en ont été les té-
moins en conserveront sans doute un tendre souvenir.
Puisse cette foible exquisse le transmettre à toute la France,
et l'attacher toujours plus à la vertu sans laquelle il ne
peut exister de République !

FAIT à Carpentras, en directoire, ce 17 Floréal, an 3,
de la République française, une et indivisible.

MEISSONNIER, *Président*.

PETIT, *Secrétaire*.

DISCOURS

*Prononcé à Bédouin, le 15 Floréal, an troisième,
par le Représentant du Peuple, JEAN DEBRY.*

LE crime revêtu de l'extérieur du patriotisme déchiroit
la France, vous fûtes les victimes de ses fureurs ; la Représentation du peuple républicain a par son énergie et par
sa sagesse recouvré l'humanité et la justice exilées de notre
patrie ; c'est au nom de la représentation nationale et de la
patrie ressuscitées, que je viens vous ramener ici paix, justice et humanité.

Qui plus que vous, objets infortunés de la scélératesse
de nos derniers tyrans, qui plus que vous, dont l'existence
déplorable fut dévouée par eux à répandre au loin l'impression de la terreur et l'effroi servile nécessaire à leur puissance, qui plus que vous a droit de compter sur la loi,
d'espérer son appui, de parler du respect qui lui est dû,
et de lever enfin au sein de la République un front cica-
trisé par le malheur et rendu serein par le calme de l'innocence ? Ils ont disparu les temps de la violence et de
l'arbitraire : les ruines des forfaits ont succédé aux ruines
des vertus ; ces dernières long-temps étouffées sont sorties
triomphantes du tombeau ; l'oppression n'a fait qu'accélérer
leur marche, et maintenant l'on peut dire sans crainte : exé-
cration aux bourreaux de Bédouin, larmes sur ses débris,
regrets sur les cercueils de ses enfans immolés, justice ;

affection , secours , sensibilité pour les restes de sa population. Hélas ! quand vous périssiez , quand les flammes dévoroient cette enceinte , un voile funèbre couvroit la nôtre des scélérats , émules des émigrés , au sein de vos places incendiées crioient *liberté* , et la liberté éplorée cherchoit dans l'avenir le 9 thermidor. Il a lui pour la France , et les amis de la République ont pu prédire qu'elle seroit inébranlable , que la malveillance seroit comprimée , que le fantome hideux qui trainoit à travers le sang et les décombres la nation mutilée à la royauté , disparoîtroit avec la royauté et la tyrannie ; c'est depuis cette époque mémorable que le malheureux a pu espérer , que le républicain a pu parler , *liberté* , *égalité* , *justice* , que le sénat français a pu combiner les mesures énergiques qui le 12 germinal ont encore une fois sauvé la France ; c'est depuis lors enfin que la douce pitié , que la consolation sont venues habiter ce territoire désolé , et que vous avez levé avec succès vos mains suppliantes vers le ciel vengeur du crime , vers la loi et ses organes.

Habitans de Bédouin , vous dont les malheurs ont interressé la République entière , qu'ils vous servent à détester la tyrannie ! elle seule a causé vos maux ; oui , c'est une sorte de royauté qui a fait couler vos larmes , et c'est la véritable République qui veut les sécher. Les tyrans de toute espèce n'ont tous qu'une même règle de conduite ; ils considèrent les peuples comme de vils troupeaux qu'ils peuvent sacrifier à leurs caprices , ou abandonner aux volontés de leurs ministres ; la morale de la liberté est différente ; les droits des hommes sont sanctifiés par elle , et celui qui a pu les blesser , quel que soit son titre ou sa puissance , qu'il se nomme Capet ou Robespierre , que ce soit un vice-légat ou le satellite de l'incendiaire de Bédouin , il a dans une République l'assurance cruelle et juste de ne point échaper à la loi. Ah ! s'il est vrai que les malheurs doivent conduire à la vertu, parce que c'est le seul appui qui demeure quand tout nous quitte, combien la Représentation nationale ne doit-elle pas compter sur la vôtre ? Oui, je veux lui en porter l'assurance, et puisse ce desir ajouter à votre courage ; laissez errer poursuivis par le remords et attendus par la loi, les restes impurs de la horde exécrable qui a couvert la France de deuil ; qu'ils aillent méditant de nouveaux désastres s'unir par la ressemblance de leurs projets féroces avec ce qui reste de pygmées royalistes et d'esclaves des antiques et honteux préjugés ; la justice derrière l'opinion publique, d'un pas lent mais sûr, saura frapper les uns et les autres ; c'est à elle d'agir ; elle ne remet aux citoyens que le droit d'éclairer sa marche ; les vengeances privées excitent et nourrissent les complots, le calme et la fermeté les déjouent ; que la paix rentrée dans les familles réfoule la terreur dans l'ame des brigands, et si le froid de la mort et les glaces éternelles règnent sur la cime du Ventoux, que l'abondance, la vie et la sécurité germent enfin dans vos plaines.

Et toi aussi, emblême révéré de la liberté, toi qui servis de prétexte à l'exécution du crime, sois long-temps le point de réunion où les vertus républicaines viendront s'alimenter ici ; qu'en vous rappelant ce qu'il vous coûta, il vous soit plus cher encore ; que la mère y amène son fils, que le vieillard vienne sous son ombre appuyé sur sa jeune fille, enfin que les familles s'y rassemblent, que tous les cœurs s'y excitent à la pratique des devoirs et à l'exercice des droits d'homme libre. Rappelez-y vos souffrances pour en détester et les auteurs et le principe, la tyrannie. Rappelez-y le crime qui pesa sur vous pour l'avoir en éternelle horreur. Ah ! sans doute, vous y parlerez aussi des sentimens que la République vous a porté, de ceux que vous avez recueilli au sein de la Convention qui, si elle n'eût eu le courage de supporter l'opinion jusqu'à ce que les yeux du peuple fussent dessillés, enfermée dans le tombeau de la patrie, eut laissé Bédouin sans vengeance ensévelie sous ses ruines.

C'est à vous principalement, magistrats de cette commune, qu'il appartient de graver, de buriner ces principes en caractères ineffaçables dans le cœur de vos concitoyens; dites-leur qu'ils ne seront point perdus de vue par les défenseurs et les fondateurs de la République; dites-leur qu'ils avoient été calomniés et que la vérité, la loi et le temps les justifient et poursuivent leurs vils détracteurs; dites-leur qu'ils se réposent sur la justice du soin de punir les coupables; qu'il est temps que tout rentre dans l'ordre; que si quelque chose pouvoit ramener le règne de l'anarchie, ce seroit celui des passions, comme l'assassinat de l'apôtre du meurtre a préparé l'égorgement de cent mille citoyens. Laissez crier l'aristocratie et le terrorisme: l'un et l'autre vous accuseront, si vous suivez la loi: mais la loi et les accusations de la malveillance honorent les hommes de bien; gardez-vous des piéges du fanatisme, et quand la liberté est rendue aux opinions, que la superstition ne s'empare pas de ce droit pour faire germer encore sur un sol malheureux les plans empoisonnés de l'intolérance.

Venez, magistrats républicains, recevez au nom de la Représentation nationale l'écharpe tricolore, et sachez, s'il le falloit, mourir glorieusement à votre poste pour l'acquit des devoirs qu'elle vous impose.

O qu'il m'est doux de remplir ici la consolante fonction réclamée par vos désastres; non, ce souvenir attendrissant ne s'effacera point de mon esprit; je le porterai à la Convention, je le conserverai dans ma retraite, si un jour il m'est donné d'en jouir; et si les principes que je vous ai exposé, passent ici des pères aux enfans, et font le bonheur de cette contrée, je me dirai quelque fois: *oui, j'ai contribué à réparer les malheurs de Bédouin.*

Toi qui appartiens à tous les cultes, mais spécialement

à celui de la liberté et de l'égalité, puisque nous sommes sortis libres et égaux de tes mains ; protecteur de l'innocence et vengeur du crime, c'est à toi d'exaucer les vœux que nous formons pour la prospérité de ce pays ; c'est à toi de donner aux enfans la douce existence qui manqua à leurs pères ; cette commune a été célèbre par son infortune, fais qu'elle le devienne par son patriotisme ; son expression au milieu de ces monceaux de cendres et de décombres doit sortir avec plus d'éclat, et c'est ici où chaque jour on peut s'écrier : *haine aux rois et à la tyrannie, union avec les francs et loyaux patriotes, et vive à jamais la Republique !*

DISCOURS

Pour la réception du Représentant du Peuple, JEAN DEBRY, à Bédouin, prononcé par un officier municipal de cette commune.

REPRÉSENTANT d'une Nation grande et généreuse,

Notre espoir n'a pas été trompé ; vos promesses n'ont pas été vaines, et vous venez les effectuer dans l'enceinte même de Bédouin. Toutes les vertus, toutes les affections s'y sont réunies pour vous y recevoir. On ne cherchera pas à vous y surprendre par le charme ou le prestige de l'art ; nos sentimens sont purs, et le fard ne se mêle point ici à la simplicité de la nature que la scélératesse et le crime n'ont pu pervertir.

Venez donc, digne Représentant d'un grand peuple; que votre présence à Bédouin y ramène pour toujours la paix et le bonheur! Déjà à votre approche, la douleur et le deuil ont fui de ce malheureux canton pour rentrer dans le cœur du crime, seul asyle que leur ait assigné le 9 Thermidor.

A AVIGNON,

Chez VINCENT RAPHEL, Imprimeur du Département.

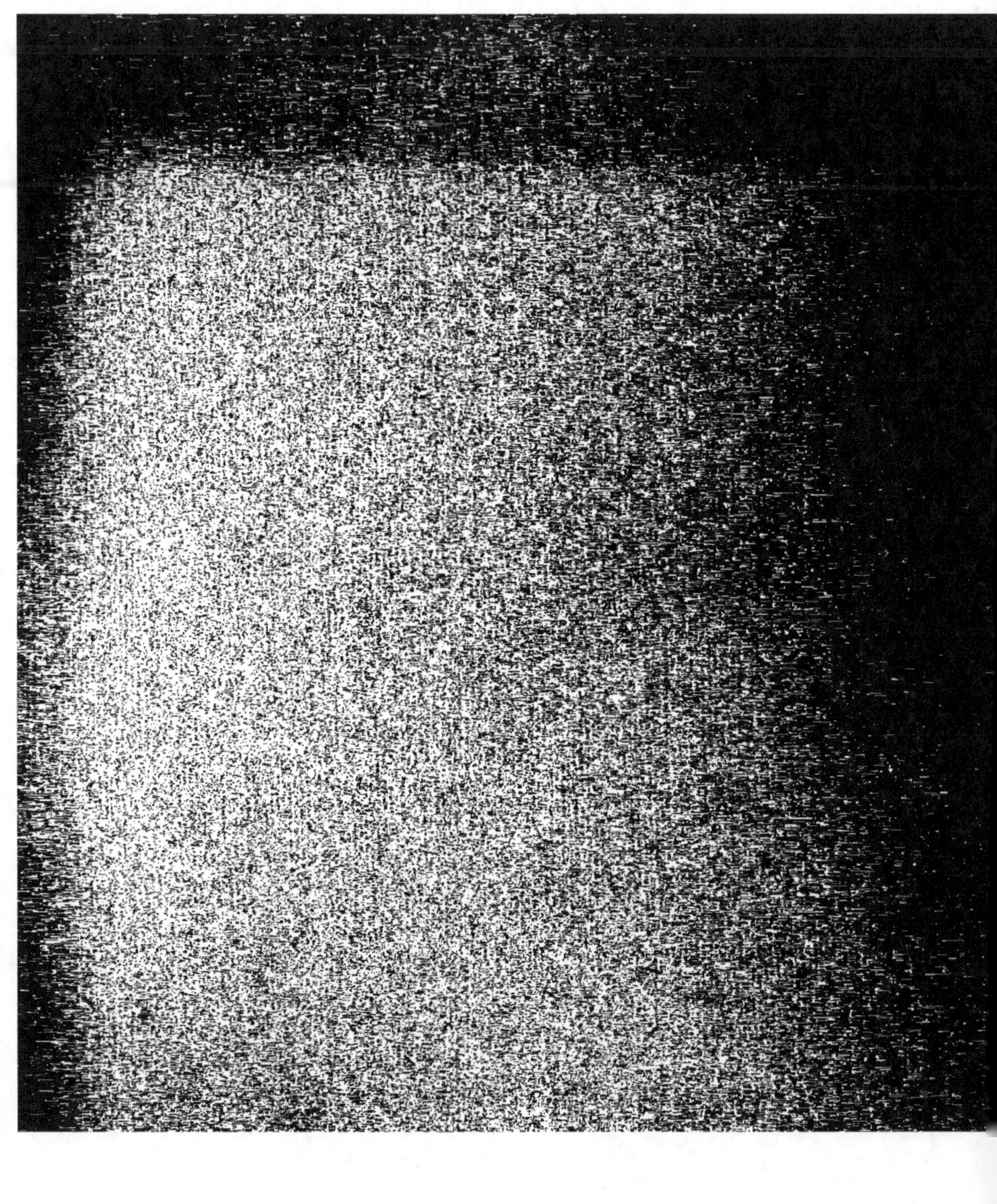

www.ingramcontent.com/pod-product-compliance
Lightning Source LLC
LaVergne TN
LVHW010127060726
842524LV00005B/1770